이 세상에서
가장 슬픈 노래를 알고 있다

나호열 시집

시인동네 시인선 077　　　　　　　　　　　　나호열 시집

# 이 세상에서
# 가장 슬픈 노래를 알고 있다

시인동네

## 시인의 말

천만 번 겨루어
천 번 만 번 진다 해도
부끄럽지 않은 일
사랑을 주는 일

천 번 만 번 내주어도
천 번 만 번 부족하지 않은
가난해지지 않는 일
사랑을 주는 일

이 세상 끝나는 날까지
끝끝내 남아 있을
우리들의 양식
이제야 그 씨앗을 얻어
동토에 심으려 한다

눈물 한 방울
백년 뒤에라도 좋다
피어주기만 한다면

2017년 7월 無籬齋에서
나호열

차례

시인의 말

## 제1부

후일담(後日譚) · 13

가을과 술 · 14

못난 · 15

모텔 아도니스 · 16

거문고의 노래 1 · 18

거문고의 노래 2 · 20

거문고의 노래 3 · 22

땅에게 바침 · 24

구름에게 · 25

새벽 강 · 26

꽃, 꽃, 꼿꼿이 · 28

봄비 · 29

파티, 파리, 빨리 · 30

낙엽 · 31

물든다는 말 · 32

## 제2부

뿔 · 35

저 너머 · 36

몸과 살 · 37

어머니를 걸어 은행나무에 닿다 · 38

생각하는 사람 2 · 40

소품들 · 41

바위 속에서 · 42

서 있는 사내 1 · 43

서 있는 사내 2 · 44

서 있는 사내 3 · 45

돌아오지 않는 것들 · 46

블루 · 48

시월 · 49

오래된 밥 1 · 50

오래된 밥 2 · 51

우리 동네 마을버스 1119번 · 52

## 제3부

석류나무가 있는 풍경 · 55

오대산 선재(善財)길 · 56

내력 · 57

모시 한 필 · 58

자낙스 · 60

수평선에 대한 생각 · 61

가을을 지나는 법 · 62

별똥별이 내게 한 말 · 64

객이거나 그림자이거나 · 65

덤 · 66

내가 하는 일 · 67

노을 앞에서 · 68

겨울비 · 70

극락(極樂) · 71

꽃집 · 72

수오재(守吾齋)를 찾아가다 · 73

토마스네 집 · 74

## 제4부

비가(悲歌) · 77

늙어간다는 것 · 78

봄눈의 내력 · 79

알맞은 거리 · 80

동행 · 82

씨름 한 판 · 84

휘다 · 86

만월 · 87

심장은 오늘도 걷는다 · 88

말의 행방 · 89

맹물 · 90

용오름 · 91

아무개 · 92

큰 산 · 93

이순(耳順) · 94

행복과 항복 · 96


**해설** 불모의 세계를 가로지르는 몰락의 상상력 · 97
　　　　박진희(문학평론가·대전대 교수)

제1부

# 후일담(後日譚)

어떤 사람은 나를 쇼핑카트라고 불렀고
어떤 사람은 짐수레라고 나를 불렀다
무엇이라 불리든
그들의 손길이 닿을 때마다 나는 기꺼이 몸을 열었다
내 몸에 부려지는 저 욕망들은
또 어디서 해체되는 것일까
지금 나는 더 이상 열매 맺지 못하는
살구나무 아래 버려져 있다
탈출이 곧 유배가 되는
한 장의 꿈을 완성하기 위하여
나는 너무 멀리 왔다
누가 나를 호명할까봐 멀리 왔다
**뼛속에서**
한낮에는 매미가 울었고
밤에는 귀뚜라미가 우는
풀섶 어디쯤

# 가을과 술

자, 한 잔 주시게
이제야 가슴이 텅 비었으니
가득 담아 주시게
이 가을에 술 아닌 것이
어디 있겠나
저기, 호수를 닮은 하늘 한 모금
공연스레 음표 하나를 떨구고 가는
바람 한 줄기
귀소를 서두르는 기러기 떼도
이 가슴에 들어오면
술이 되는구나
한 모금 술에도 취하기는
매한가지인데
서산으로 걸어가는 조각달도
부풀었다가는 사그라지는 것을
자, 한 잔 주시게
이제야 가슴이 텅 비었으니
뒤돌아가는 그대 발자국 소리라도 남겨주시게

## 못난
―신성리 갈대밭에서


아들 아버지 형 아우 오라버니 지아비 할아버지 학생 스승…… 이 빛나는 이름 앞에 못난을 붙여 호명하면 일제히 고개 숙이며 앞으로 나아간다

수많은 내가 흰머리 휘날리며 바람의 매를 맞고 있다

## 모텔 아도니스


영원히 늙지 않을 것 같은
소년도 아니고 청년도 아닌
다가서면 누구나 붉음으로 물들어버릴 것 같은
길가의 저 사내 때문에
신호등이 없어도 멈칫 서게 되는
비밀 하나를 감추고 가을을 지나간다

비밀은 나눌 수 없는
혼자만의 것
잘 익은 와인이 되거나
마지막 잎새가 되는 것

사랑이란 이름의 바람 한 줄
누군가의 영혼에 잠시 닿았다
사라지는 물결 몇 마디

진흙탕 속에서 연꽃이 피어나고
연꽃이 져 가는

그와 같은 비밀을
나누어주고 있는 저 사내

## 거문고의 노래 1

백년 후면 넉넉하게 사막에 닿겠다
망각보다 늦게 당도한 세월이
수축과 팽창을 거듭한 끝에
빅뱅 이전으로 돌아간 심장을 애도하는 동안
수화로 들어야 하는 노래가 있다
떨쳐내지 못하는 전생의 피
증발되지 않는 살의 향기로
꽃핀 악보
사막이란 말은 그렇게 태어났던 것이다

  오동나무 한 그루가 사막을 키우고 있다 사막을 건너가는 꿈이 널 잠을 자는 동안 바람은 고치에서 풀려나오며 오동나무에 날개를 뉘였다

  짧은 생은 촘촘한 기억의 나이테로 현을 묶고 백년쯤 지난 발자국으로 술대를 젓는 늦가을을 기다리는가

  아, 거문고의 긴 날숨이 텅 빈 오동나무의 가슴을 베고

아, 거문고의 깊은 들숨이 나비가 되지 못한 음을 짚어낼 때
나는 다만 첫발을 딛는 꽃잎의 발자국 소리를
사막에 담을 뿐
수화로 그 노래를 들을 수 있을 뿐

# 거문고의 노래 2

당신이라는 사람이 있다면
어디든 찾아가서 울 밖에 서 있겠네
내밀한 그 마음이 궁금하여
키를 세우고 또 세우고
당신이라는 사람이 열하고도 여덟이나 아홉이 되었을 때
나는 인생을 다 살아버려
당신이라는 사람을 안을 수가 없었네

당신이라는 사람이 있다면
어디든 찾아가서 마음에 둥지를 틀겠네
봄이 다 가기 전에 꿈이 사라질까
자고 자고 또 자고
당신이라는 사람이 스물하고도 또 스물을 더했을 때
나는 인생을 다 살아버려
날개 없는 나비가 되었네

당신이라는 사람이 아직도
잊히지 않아

그 오동나무와
그 누에고치는
속이 텅 비고
바람보다 가는 실이 되어
거문고가 되었네

만리 길의 첫걸음처럼 막막하여 낮게
하르르 허공을 가르며 떨어지는 꽃잎의 한숨처럼
당신이라는 사람을 만났을 때
건네고 싶은 노래는
아직 아무도 부르지 않은 노래
우수수 우우수 오동잎
쌓이는 소리
사각사각 뽕잎을 갉는
빗방울 내리는 소리

누구는 산이 울었다 하고
누구는 강이 흘러가다 걸음을 멈추었다 하였네

## 거문고의 노래 3
—백제금동대향로


저
저어기
허공을 딛고
피어나는 꽃이라니

텅
터어엉
가슴을 비우고
그 위에
바람 몇 줄 걸어놓으면
꽃신 신고 사뿐히
화르르 날아오르는
새떼이려니

계면조의 하늘을
자진모리로 떠가는 구름
인적은 없어도
늘 부화를 기다리는 슬픔으로

따뜻한 불빛

꽃 진 자리에 마음을 얹듯이
내려앉는다

# 땅에게 바침

당신은 나의 바닥이었습니다
내가 이카루스의 꿈을 꾸고 있던
평생 동안
당신은 내가 쓰러지지 않도록
온몸을 굳게 누이고 있었습니다
이제야 고개를 숙이니
당신이 보입니다
바닥이 보입니다
보잘 것 없는 내 눈물이 바닥에 떨어질 때에도
당신은 안개꽃처럼 웃음 지었던 것을
없던 날개를 버리고 나니
당신이 보입니다
바닥의 힘으로 당신은
나를 살게 하였던 것을
쓰러지고 나서야
알게 되었습니다

# 구름에게


구름이 내게 왔다
아니 고개를 들어야 보이는 희미한 입술
문장이 될 듯 모여지다가 휘리릭 새떼처럼 흩어지는 낱말들
 그 낱말들에 물음표를 지우고 느낌표를 달아주니 와르르 눈물로 쏟아지는데
 그 눈물 속에 초원이 보이고, 풀을 뜯고 있는 양들의 저녁이 보인다

구름이 내게 왔다
하나이면서 여럿인,
이름을 부르면 사슴도 오고
꽃도 벙근다

구름의 화원에 뛰어든 저녁 해
아, 눈부셔라
한 송이 여인이 붉게 타오른다. 와인 한 잔의 구름,
긴 머리의 구름이
오늘 내게로 왔다

## 새벽 강

새벽이 오면
강은 스스로 나무가 된다
빛깔도 향기도 없는
수만 송이의 꽃을 피우는 나무
어둠을 딛고 아스라이 바라보는
수묵의 너른 품
정갈한 백자를 닮은 얼굴은 기쁨과 슬픔을 곱게 풀어놓은 듯하다

밤을 오래 걸어와
새벽을 응시하는 사람에게만
문을 열어주는 강의
천불천탑 나무들의
수만 송이의 꽃들의
책갈피 속으로
한 걸음 한 걸음 들어가면
온몸에 물의 전생을 담은
너를 만난다

가보지 않은 고향을 그리워하듯
홀연히 사라지는 나무 속으로
나 또한 깊이 젖는다
새벽이 진다

## 꽃, 꽃, 꼿꼿이


문득,
귀가 훤해진다

겨울이 가기 전에
봄이 오기 전에
둔덕에 가득 피어오르는 연둣빛 함성
이름을 얻기도 전에
그들은 풀의 조각 조각으로
그러나 모두 모여
환하게 어깨동무의 물결을 일으킨다

그러면, 나는,
앙진 가슴에 와락와락 달겨드는 그 물결에
눈길만 아득해지는 것이니

먼 산 봉수대
구름 몇 송이

# 봄비

알몸으로 오는 이여
맨발로 달려오는 이여
굳게 닫힌 문고리를 가만 만져보고 돌아가는 이여
돌아가기 아쉬워
영영 돌아가지 않는 이여
발자국 소리 따라
하염없이 걸어가면

문득

뒤돌아 초록 웃음을 보여주는 이여

## 파티, 파리, 빨리


　파티에 가실래요? 와인이 있고 흥겨운 노래도 있어요 길 잃을 염려는 없어요 원점회귀의 개선문 앞은 사통팔달이에요 쟌느가 말했다. 영어선생은 파티가 아니라 파리로 발음해야 한다고 지적해 주었다. 쟌느는 파리가 아니라 빨히라고 발음해야 한다고 면박을 주었다. 나는 분명히 말했다. 난 파리가 싫어 네가 파리야 쟌느가 내 몸을 후려쳤다. 파티가 아니라 파리라니까! 쟌느가 소리쳤다. 파리가 아니라 빨희라니까 나는 더듬거리며 빨리라고 외쳤다. 무한증식의 저 빌어먹을 파리떼들!

# 낙엽

공손히 허공에 내민 손은
한 번도 움켜 쥔 적이 없는 손은
깃발처럼 휘날리던 손은
벌레 먹어 구멍 송송 뚫린 손은
그윽하게 저물어가는 어느 가슴을 닮은 손수건 같은 손은

이제
새 이름으로
새 출발을 한다

낙엽

## 물든다는 말

용광로 같은 가슴에서 떨어져 내린
모음이 사라진 자음처럼
잎 하나
빈 의자에 앉아 있다

청춘을 지나며
무엇이 부끄러웠는지
저 혼자 붉어져
가을을 지나고 있다

제2부

# 뿔

초식의 질긴 기억이 스멀스멀 몸으로 스며들 때가 있다
날카로운 발톱도 치명의 송곳니도 갖지 못한
쫓기는 자의 슬픔
그 슬픔을 용서하지 못할 때
불끈 뿔은 솟구쳐 오른다
그 누구도 거들떠보지 않는 한숨과
눈물로 범벅이 된 분노는
높은 굴뚝을 타고 오르는 연기가 되거나
못으로 온몸에 박히는 뿔이 된다

나도 뿔났다

## 저 너머

 '저 너머'라는 말이 가슴속에 있다. 눈길이 간신히 닿았다가 스러지는 곳에서 태어나는 그 말은 목젖에 젖다가 다시 스러지는 그 말은 어디에든 착하다. 주어가 되지 못한 야윈 어깨에 슬며시 얹혀지는 온기만 남기고 사라지는 손의 용도와 같이 드러나지 않아 오직 넉넉한 거리에 날 세워두는 '저 너머' 그 말이 아직 환하다.

## 몸과 살

> 너는 오늘 나와 함께 낙원에 있을 것이다.
> ―루카 23-43

열은 오르는데
몸은 춥다

외로울 때 네가 왔고
괴로움에 지쳐갈 때
너는 갔다

몸은 아픈데
전언은 멀리 멀리
종소리처럼
혼자 걸어서 갔다

## 어머니를 걸어 은행나무에 닿다

구백 걸음 걸어 멈추는 곳
은행나무 줄지어 푸른 잎 틔어내고
한여름 폭포처럼 매미 울음 쏟아내고
가을 깊어가자 냄새나는 눈물방울들과
쓸어도 쓸어도 살아온 날보다 더 많은
편지를 가슴에서 뜯어내더니
한 차례 눈 내리고 고요해진 뼈를 드러낸
은행나무 길 구백 걸음
오가는 사람 띄엄띄엄 밤길을 걸어
오늘은 찹쌀떡 두 개 주머니에 넣고
저 혼자 껌벅거리는 신호등 앞에 선다

배워도 모자라는 공부 때문에
지은 죄가 많아
때로는 무량하게 기대고 싶어
구백 걸음 걸어 가닿는 곳

떡 하나는 내가 먹고

너 배고프지 하며 먹다 만 떡 내밀 때
그예 목이 메어 냉수 한 사발 들이켜고 마는

나에게는 학교이며
고해소이며 절간인 나의 어머니

# 생각하는 사람 2

바람이 소리치는 줄 알았다
바퀴가 투덜대는 줄 알았다
접시가 깨지며 비명을 지르는 줄 알았다

바람을 맞으며 아파하는 것들이 있다
접시에 닿아 먼저 깨지는 것들이 있다
바퀴에 눌리는 바닥이 있다

수동태 문장은 주어가 슬픈가
저 소리들의 주어를 슬그머니 되찾아 주고 싶은 밤

바람도, 접시도, 바퀴도 아니었던 소리의 주인은
성대가 없다

## 소품들

  헝클어진 머리칼, 입술이 깨진 찻잔, 다리가 부러진 밥상인지 책상인지 용도가 불분명한 저 자세, 주인공이 분노에 가득차서 제멋대로 휘젓고 내버린 풍경의, 저 소품들에 눈시울이 뜨거워진다. 시간이 온몸에 퍼진 균열의 미소를 담을 수 없어서 나는 모른 척 이 생을 지나가기로 했다. 안녕이란 말은 늘 몇 구비 휘인 먼 길이므로

## 바위 속에서
―봉황리 마애불\*


단단하고 어두운 방이었어

창이 없는 그런 방

억만 겁이 지났나

어디선가 발자국 소리가 들렸어

누군가 석류꽃이 피고 있다고 말하더군

불쑥 바위 속에서 내가 튀어나왔어

강렬한 눈빛

여름 햇살 때문에

세상에!

반쯤만 몸이 나왔어

당신은 나를 뭐라고 부를까

나는 부처가 아니야

돌의 옷을 입고

돌의 미소를 지닌

그래도 나는 사내야

---

\*2004년 보물 제1401호로 지정된, 삼국시대에 조성되었다고 추정되는 마애불 群이다. 충북 충주시 가금면 봉황리 산 27번지에 있다.

# 서 있는 사내 1

고령에서 가야 넘어가는 고갯길에 그가 서 있다. 절벽 같은 뒷모습을 남긴 채 저 아래 아득한 세상으로 투신이라도 할 듯이 잠시 망설이는 순간이 얼마나 길었는지 모른다. 이름을 부르면 고개를 돌릴 듯도 한데 간신히 지탱해온 몸이 와르르 무너질지도 모를 일 그러나 아직도 저 차가운 돌의 미소 속에는 용암이 들끓고 있음을 아는 사람은 안다. 날개가 떨어져 나가고 비록 남루 한 벌로 세상을 지나왔지만 이 쑥굴헝이 되어버린 맹지에 버리고 떠난 사람을 그리워하는 마음을 버리지는 않았다.

무너져 내릴지언정 굴신하지 못하는 탑이라는 이름의 사내

## 서 있는 사내 2

 쑥부쟁이 칡덩굴 얽히고설키며 철 따라 피고 지던 꽃들과 풀들의 흙을 덜어내어 논을 만들고 밭을 일구다가 꿈같은 속세의 끄트머리라고 당간을 세우고 금천을 넘게 하더니 어느 날 불타고 무너져 내려 인의도덕을 서원하는 마당이 되더니 다시 부수고 그 자리에 고랑을 파고 씨를 뿌리는 전답이 되었으니 이 조화는 사람의 일인가 세월의 장난인가

 큰길 오가던 사람 역적으로 몰려 죽임을 당하고 후세에 비석으로 한을 달랜들 금 가고 마음 모서리 떨어져 나간 채 서 있는 저 사내의 삭은 가슴만 하겠는가

---

\*강원도 원주시 지정면 안창리 흥법사지.

# 서 있는 사내 3

종점이 멀지 않은 정류장에
버려진 그림자 펄럭이네
버스가 지나갈 때마다
떨어질 때를 놓친 나뭇잎처럼
망설이다가
저만큼 눈길을 흘려보내는
한 시간째
가야 할 곳이 없다는 안도와
기다릴 것이 없다는 막막함이
곧추서 있는
희망양로원 쪽으로
해는 얌전하게 신발을 벗고 들어서고 있다

## 돌아오지 않는 것들
─옛 구둔역*에서

마냥 서 있을 뿐인데
누구를 기다리느냐고 묻는다
상행은 어제로 뻗어 있고
하행은 내일로 열려져 있는데
소실점 밖에서 열차시간표를 읽고 있을 뿐인데
이제 이 길에는 잡초가
망각의 이름을 대신할 것이다

누가 떠나고
누가 기다리는가
혼자 경전을 세워가는 탑 같은
느티나무 아래
무너지지 않겠다는 듯
플라스틱 의자는 두 개
세월이 비껴가듯
우리는 나란히 저 의자에
마주하지 못하리

&gt;

굳은을 구둔으로 읽는
정지해버린 추억을 읽는
영혼이 잠시 머물다 가는 곳
어떤 약속도 이루어질 수 없어
아름다움을 배우는 곳

---

*경기도 양평군 지제면에 소재한 중앙선의 폐역이다. 1940년 개설되었으나 중앙선의 선로 변경으로 폐역이 되었다. 2006년 등록문화재로 지정되었다.

## 블루

투명한데 속이 보이지 않는
풍덩 빠지면 쪽물 들 것 같은데
물들지 않는,

가슴이 넓은 너에게로 가면
나는 새가 되고
유유히 헤엄치는 인어가 되지
푸를 것 같은데
푸르지 않은 눈물처럼
너는
나의 하늘
너는
나의 바다

그저 푸름이지
푸름이지 되뇌면
푸릉푸릉
싹이 돋을 것 같은

시월

뜨겁게
땀 흘리며
여름을 지나온 사람에게
아니,
우리 모두에게
서로서로 훈장 대신
빛나는 쉼표를 나눠주고 싶다
저,
깊이 휘인 포옹

## 오래된 밥 1

아무리 먹어도 배부르지 않은 밥이 있다
한 숟갈만 먹어도 배부른 밥이 있다
잊으려고 해도 잊히지 않는 그 옛날부터
그러나 한걸음 내딛으면 아득해지는 길의 시작으로부터
나를 키워온 눈물 같은 것
기울어진 식탁에 혼자 앉아 물끄러미 바라보면
딱딱하게 풀이 죽은 채
식을 대로 식어버린 추억 같은 밥
한밤중에 일어나 흘러가는 강물에 슬그머니 놓아주고 싶은 손
같은 밥
아, 빈 그릇에 가득한
안녕이라는 오래된 밥

# 오래된 밥 2

세탁기가 투덜대는 동안
포트에선 물이 씩씩거리고 있고
밥솥에 살고 있는 아가씨가
취사가 끝났다고
밥을 잘 섞어달라고 내게 말했다
열기가 사라져버린 심장과
얼룩 하나 지우지 못하는 팔뚝은
또 어디로 간 것일까
주인이 버린 옷처럼
혼자 식어가는 커피처럼
나는 오래된 밥이다
슬그머니 곁자리에 있어도
아무도 허기를 느끼지 않는
오래된 밥
다시 들판으로 나갈 수 없지만
세탁기 속에 몸을 헹굴 수 없지만
따스함을 기억하는 밥

## 우리 동네 마을버스 1119번


마을버스는 이 마을 저 골목을 둘러서 가지
직선이 아니라 곡선이지
한순간이면 깨달을 인생을
평생을 살아야 겨우 닿는 것처럼
빠르게 가는 법이 없지
나는 지금 종점으로 가고 있어
4·19 묘지가 종점이지
타는 사람보다 내리는 사람이 많아
빈 배가 빈 배를 싣고 가는 것이지
아직 몇 정거장 더 남았어
잠깐이지만 꿈 좀 꾸어야겠어
현실을 벗어나는 꿈길
그래도 1119번 마을버스는 달리고
달리고 있어

# 제3부

## 석류나무가 있는 풍경


 심장을 닮은 석류가 그예 울음을 터뜨렸을 때
 기적을 울리며 떠나가는 마지막 기차가 남긴 발자국을 생각한다
 붉어서 슬픈 심장의 고동 소리가 남긴
 폐역의 녹슬어가는 철로와
 인적 끊긴 대합실 안으로 몸을 비틀어 꽃을 피운 칡넝쿨과 함께
 무너져 내리는 고요가 저리할까
 스스로 뛰어내려 흙에 눈물을 묻는 석류처럼
 오늘 또 한 사람
 가슴이 붉다

# 오대산 선재(善財)길

어디에 닿을지 뻔히 알면서도
길을 묻는다
어느 사람은 비로(毘盧)로 가는 중이라고 했고
어느 사람은 내세(來世)로 가는 길이라고 했다
혼자 걸으면 나에게 던지는 질문의 목소리를 벗할 수 있고
여럿이 걸으면 푸른 하늘이 팔랑거리는 빨랫줄처럼
출렁거리는 손길을 마주잡을 수 있다
무심하게 지나치는 전나무들
도저히 어디로 가는지 알 수 없는 냇물이
이십 리 길인데
선지식(善知識)을 멀리 찾는 어리석음으로 이미 저녁이다
어느 사람은 오르는 길이 마땅하다 하고
어느 사람은 내려가는 길이 가볍다 하였다

아무렴 어때!
오대산 선재길은
내가 만든
내 마음의 길

# 내력

뻐꾸기가 봄을 산에 옮겨놓았다
팔이 긴 울음소리가 멀리 퍼져 나가는 밤
산은 연두 소리로 차곡차곡 채워지고
붉은머리오목눈이가 탁란하는 동안
뻐꾸기는 제 목소리를 제 알에 숨겨놓는다
새끼를 품을 수 없어 슬픈
그저 엄마 여기 있어 엄마 여기 있어 온 산에 가득 차면
푸드득 초록 날개가 뻗쳐오른다
북이 된 산은 뻐꾸기의 목소리로 가득 차고
이윽고 여름이 온다

## 모시 한 필

모시 한 필 속에는
서해바다 들고 나는 바람이
금강을 타고 오르는 여름이 있다

키만큼 자란 모시풀을 베고
삼 개월을 지나는 동안
아홉 번의 끈질긴 손길을 주고받는
아낙네들의 거친 숨소리가
베틀에 얽히는 것을
슬그머니 두레의 따스한 마음도
따라 얹힌다

모시 한 필 속에는
서천의 나지막한
순한 하늘이 숨어 있고
우리네 어머니의 감춰진 눈물과 땀방울이
하얗게 물들어 있다

구름 한 조각보다 가볍고
바람 한 줄보다 팽팽한
세모시 한 필
어머니가 내게 남겨준
묵언의 편지
곱디고와
아직도 펼쳐보지 못했다

## 자낙스

  한번 들어오면 빠져나갈 문이 없어 불안은 유령이 되어 떠돌다 어디선가 끊어진 회로를 갉아먹고 있는지 발자국 소리 갉아먹고 있는지 한숨 내쉬는 소리 깜빡거리다 어둠에 묻혀 버린다 안으로 잠긴 문을 뜯어내려는지 두통이 따라오고 이윽고 부작용에 대한 설명문이 퇴화한 개미의 눈을 요구한다 경계는 처음부터 없는 환상이니 과다복용하지 말 것 내가 너무 멀다

# 수평선에 대한 생각

그리워서 멀다
외로워서 멀다
눈길이 먼저 달려가도 닿을 수 없는 너를 향하여
나는 생각한다

목을 매달까
저 아슬한 줄 위에 서서 한바탕 뛰어볼까
이도저도 말고 훌쩍 넘어가 버릴까

매일이라는 절벽을 힘겹게 끌어당기며
나는 다시 생각한다

아직도 내게는 수평선이 있다!

## 가을을 지나는 법


가을은 느린 호흡으로
멀리서 걸어오는 도보여행자

점자를 더듬듯
손길이 닿는 곳마다
오래 마음 물들이다가
툭
투우욱
떨어지는 눈물같이
곁을 스치며 지나간다

망설이며 기다렸던 해후의
목멘 짧은 문장은
그새 잊어버리고
내 몸에 던져진 자음 몇 개를
또 어디에 숨겨야 하나

야윈 외투 같은 그림자를 앞세우고

길 없는 길을 걸어가는
가을
도보여행자

이제 남은 것은
채 한 토막이 남지 않은
생의 촛불
바람이라는 모음

맑다

## 별똥별이 내게 한 말

사랑은
한번이면 족한 것
사랑은 순간을
영원으로 되돌리는 것
사랑은
모든 길을 버리고서야
찾아오는 것

# 객이거나 그림자이거나


나를 부르면 그가 온다
절뚝이며 먼 길을 꼬리로 달고
초식도 아니고 육식도 아닌 퇴화의 이빨을 드러내며 오는 사람
배후에 도사리고 있는
굶주린 사막의 아가리 속으로
기꺼이 사라지는 수많은 그는
내가 호명했던 나
어둡고 긴 골목 같은
목울대를 치고 올라오는 그믐달처럼
어딘가를 향해 흔들었던 깃발이었다가
껍데기만 남은 그림자를
홑이불로 덮는다

한낮에는 갈 길이 멀고
밤이 깊으면 머무를 곳이 두렵다
객이거나
그림자이거나

# 덤

오늘을 살아내면
내일이 덤으로 온다고

내가 나에게 주는 이 감사한 선물은
가난해도 기뻐서
샘물처럼 저 홀로 솟아나는
사랑으로 넘친다고

길가의 구부러진 나무에
절을 하는 사람이 있다
먼지 뒤집어쓰고 며칠 살다 갈
작은 꽃에
절을 하는 사람이 있다

# 내가 하는 일

오욕칠정을 담은 심장이
여의주만 한 둥근 한 덩어리로
응집되려면 삼백하고도 육십오일을 기다려야 한다
뜨겁고도 붉은
늙은 풍선 하나가 부풀어 올라
바닷가에서 산정에서
감옥의 철창 너머로
이 세상 어디에서나 잘 보이는 곳을 밤새 달려
희망을 기억하는 사람들에게
다시 헌 희망을 나눠주는 일

일몰의 한순간을 위하여
삼백육십오일을
혼자 뜨거운 남자

지금은 노을을 등에 담고
어두운 뭍을 향하여
제부도 바닷길을 달리고 있다

## 노을 앞에서

다가서면 다가선 만큼
물러서는 사람이기에
그저 바라본다

저 속에 밤새워 쓴 편지가
불타고 있고
끝내 보여주지 않은 심장의 화로가 있다
수만 송이의 꽃들이
한꺼번에 피어오르는
저 짧은 시간의 행간에
바라본다
그 한마디 말씀을 던져놓으면
노을은 긴 손을 내밀어
머리맡의 등불을 돋을 하룻밤의
꿈을 건네주고
길 없는 길 너머로 사라진다

다가서면 다가선 만큼

물러서는 사람이기에
그저 바라본다

## 겨울비

오랜만에 아궁이에 불을 지피나 보다
저 푸스무레하고 아스무레한
턱없이 부족하지만
온 가족이 둘러앉아 몇 순갈 들 수 있는 눈빛으로
한 봉지 쌀을 일고 있나 보다
눈물도 가난해져서  뜨물같이 얼굴 가리며 내리는 비
내 몸의 꽃눈을 짚으며
멀리서 오는 사람처럼
달그락거리는 그릇 부딪는 소리
남은 허기는 아직 남은 따스한 냄새로 채우고
조금씩 귀가 커져가는 듯한
이월의 예감처럼
떠오를 듯 말 듯 아련한 이름처럼
아직도 남은 반만큼의 허기로
겨울비 내린다

## 극락(極樂)

내 나이 묻지 마라
내 몸을 스쳐간 수많은 인연
세찬 바람으로 다가왔으나
아직 나는 푸르다
휘어질 대로 휘어졌어도
아직 나는 쓰러지지 않았다
언젠가 지상을 떠나는 날
묵언의 향 내음을 전해주기 위하여

---

\*서산 부석사 극락전 옆에는 오래된 향나무 한 그루 서 있다. 수령이 궁금하였으나 곧 그 질문의 어리석음을 깨닫고 말문을 닫았다. 2014년 4월 15일에 사진을 찍고, 2014년 11월 4일에는 바라만 보았다.

## 꽃짐

자전거 한 대가
소실점을 향하여 달려가고 있다
긴 언덕길인지 비틀,
기우뚱거리며
너른 들판이 얹혀져 있는지
등짐이 가득하다
이 세상 향기로운 꽃 모두
빛깔 고운 꽃 모두
기쁨과 설렘을 건네주러 가는
저 모습은
또 얼마나 아름다운 노동인가
소실점 속으로 아득히
비틀거리며 기우뚱거리며
노을을 가득 지고 가는
저 生이 궁금하다

# 수오재(守吾齋)*를 찾아가다

마음에서 발이 자란다
어디든 가보자고
어디든 여기보다 못하겠느냐고
마음에 발이 수없이 돋아나도
그러나 마음은 한 발자국도 나서지 못하고
나무가 된다
봄이면 몸서리치는 꽃으로 울고
여름이면 무성히 창문을 열어놓다가
가을이면 메마른 눈물을 발등에 죄 없이 덮고 덮는다
마음은 채찍 같은 마파람을 맞으며 겨울의 긴 꿈을 꾼다
마음은 결국 이 자리에 서 있는 것이다

---

*정약현의 당호(堂號).

## 토마스네 집

배부른 개가 되기를 거부한
늑대가 그립다
숲에서 버림받고
외톨이인지 떠돌이인지
눈 안에 가득 푸른 눈물을 담은 늑대가
가끔
아주 가끔
내 영혼의 유배지에서 울고 가는 것을
그저 완성되지 않은 문장으로
부끄러운 상처를 더듬을지라도
기꺼이 굶주림마저 나눠가지려던
마음이 그리워지면
어느새 사막이 내게로 왔다
버림받은 늑대가 왔다

# 제4부

## 비가(悲歌)

이 세상에서 가장 슬픈 노래를 알고 있다
그러나 아직 한 번도 불러지지 않은 그 노래는
슬픔이 불길처럼 흘러간 후에
강물보다 더 우렁우렁 눈물 쏟아낸 다음에
끝내 불러보지 못한 이름이
발자국 하나 남기지 않고
길을 지우고 난 후에
사막 같은 악보를 드러낼 것이다
슬픈 사람은 노래하지 않는다
외로워서 슬픈가
슬퍼서 외로운가
뉘엿뉘엿 저물어가는 어디쯤에서
날갯짓 소리가 들리는 듯
슬픈 사람을 기억하는 사람이
부르는 그 노래는
아직 태어나지 않았다

# 늙어간다는 것

어느 물길을 거슬러 오르나봐
강원도쯤
강원도하고도 정선쯤
정선하고도 아우라지쯤 가닿으려나 봐
한동안 머물렀던
양수의 기억
그 끄트머리 어디쯤에서
하늘의 치마끈이 풀렸는지
그 물빛
그 내음이 흠씬 물들어 있나봐

몸을 웅크린 저 조약돌들
나보다 먼저 거슬러 올라온 연어 떼인 듯

여생(餘生)과 후일(後日)이 같은 뜻이라는 걸
문득 바라보는
아우라지의 저녁쯤

## 봄눈의 내력

이미 늦은 작별의 인사처럼
눈은 내린다
저 멀리 아득하게 휘어져 사라진
길의 뒷모습에 가닿는 낮은 목소리
이제서야 가슴에서 뛰쳐나온 그 말은
무작정 걷는다
하얀 꽃송이 같은 그 말은
하염없이 둥글기만 한 그 말은
벙어리 가슴을 가진 그 말은
오래 머물러야 할 당신의 웃음 뒤에서
피기도 전에 진다
끝내 불씨를 감춘 눈물이 된다

## 알맞은 거리

너는 거기에
나는 이 자리에

당신 곁에 머물면
화상(火傷)을 입고
당신 곁을 떠나면
동상(凍傷)에 걸린다*

그래서 길이 태어나고
너른 들판이 뛰어오지
눈빛으로 팔을 건네는
아득하지 않은
아늑한 거리

그 여백은
아쉬움이 아니라
그리움으로 번지는
점자로 읽는 바람

채찍이 춤추는

알맞은 거리

---

*이세룡의 시, 「아나벨리」 부분.

# 동행

새벽인지
저물녘인지
수묵 한 문장으로 흘러가는 하루

낮에는 얼굴 마주볼 새 없이
그물코를 깁다가
뉘엿뉘엿 어스름이 질 때
모두들 집으로 돌아갈 때
사내는 노를 젓고
아내는 강심에 그물을 던진다

백로가 던진 그림자에 놀라
잉어가 튀어 오르고
잔물결이 몇 개의 획으로
다가오는

하루치의 사랑이면
서로의 깊은 가슴이

넉넉한 그물이 되는
저 묵언의
일필휘지!

## 씨름 한 판

쓰러지면 지는 것이라고
사나운 발길에 밟히고 밟혀
흙탕물이 되는 눈처럼 스러진다고
쓰러지지 않으려고
상대방의 샅바를 질끈 쥐었으나
장난치듯 슬쩍 힘을 줄 때마다
나는 벼랑에서 떨어지지 않으려는
나뭇잎처럼 가볍게 흔들거렸다
눈물이 아니라 땀이라고 우겨보아도
몸이 우는 것을 막지는 못하는 법
나를 들어 올리는 상대가 누구인지
지금껏 알지 못하였던 어리석음을 탓하지는 못하리라
으라찻차 힘을 모아 상대를 쓰러뜨리려는 찰나
나는 보았다
내가 쥐고 있던 샅바의 몸이
내가 늘어뜨린 그림자였던 것을
내가 쓰러져야 그도 쓰러뜨릴 수 있다는 것을
허공은 억세게 잡을수록

더 억세진다는 것을
씨름판에 억새가 하늘거린다

## 휘다

강가에 살다 보니
수런거리는 강물의 소문을 엿듣고 싶었나 보다
자꾸만 물기슭에 어깨가 허물어져
저 멀리 내려간 강물은
소식 한 장 없지만
한번은 무작정 떠나보고 싶기도 했던 것이다
자꾸 자꾸 몸이 기울어
이제는 눕고 싶은 나무

언젠가는 베어져
그루터기만 남을 테지만
청춘의 꿈은
아직은 푸르게
버리지 않았다

## 만월

애써 지워버린 너의 얼굴이
앙상해진 겨울 나뭇가지 끝에 매달려 있네
가슴 출렁이던 머릿결은 바다로 가고
작은 기쁨에도 피어나던 웃음꽃은 하늘로 올라가 별이 되었는지
지워도 지워도 그 마음은 지워지지 않았는지
한 잎 두 잎 떨어지는 눈송이처럼
애써 차갑게 혼자 기울어가는 사람
뒤돌아 모르는 척 이름 부르면
어느새 서산 너머로 몸을 사루는가
세월을 빌어 잊은 지 오래였어도
차마 겨울 나뭇가지 끝에 매달린 그 마음을 슬그머니 잡아 보는 밤

# 심장은 오늘도 걷는다

꽃이면 어떻고

잎이면 또 어떤가!

붉은 마음 한 장이면

온 우주가 사랑이다

# 말의 행방

소문이 한바탕 지나간 뒤에
벙어리의 입과
귀머거리의 귀를 버리고서
잘못 들으면 한 마리로 들리는
무한증식의 말을 갖고 싶었다
검고 긴 머리카락과
길들여지지 않은 그리움으로
오래 달려온 튼실한 허벅지를 가진
잘못 들으면 한 마디로 들리는
꽃을 가득 품은 시한폭탄이 되고 싶었다
길이 없어도
기어코 길이 아니어도
바람이 끝내 어떻게 한 문장을 남기는지
한 마디면 어떻고
한 마리면 또 어떨까

천리 밖에서 나를 바라보는
야생의 그 말

## 맹물

물로 보지 마!
화를 내며 돌아선 사람이여
어쩌겠나 우리는 산소와 수소의 결합물
물에서 태어나고
물 없으면 못사는데
그래서 생물인데
괴물이 되지 않으려고 세월을 붙잡고 보니
어느덧 고물이 되지 않았는가
멋쩍게 바람이 슬며시 물결로 지우는 웃음처럼
맑은 물에 고요히 얼굴을 비추어보는 것도
슬픈 장난이구나
짠맛 매운맛 다 슬그머니 사라진
맹물이면 또 어떤가

# 용오름

 아침에 일어나면 온몸이 물기로 젖어 있을 때가 있다 부르르 악몽을 털어낼 때마다 사슬에 묶인 낯선 언어가 긴 꼬리를 물고 하늘에 삿대질을 할 때 물속을 유영하는 새이거나 하늘을 나는 물고기이거나 자꾸 헝클어지는 문장이 누구는 물음표라 했고 누구는 허공을 거는 갈고리라 하였다

# 아무개

 머리도 뎅강 쳐주고 꼬리도 사정없이 잘라주세요 몸통 속의 오장육부도 뼈도 아끼지 말고 발라주세요 자, 뭐가 남았나요 이제 아무개라라고 불러주세요 아무개야 근본도 모르고 씨도 모르는 것이 치욕이 뭔지 몰라도 거세한 수컷의 해방감이 뭔지는 알 것 같아요
 지화자!

# 큰 산

어느 사람은 저 산을 넘어가려 하고
어느 사람은 저 산을 품으려 하네
어느 사람은 높아서 큰 산이라 하고
어느 사람은 품이 넓어 큰 산이라 하네

발힘이 흔들거려
쉬어야겠다
넘지도 안기지도 못한 사람들은
저 홀로 산이 되었네

넘지도 안을 수도 없는 산
내게도 있네

## 이순(耳順)


소귀고개 넘는다
주인과 함께 들일 마치고
서산을 향하여 무릎 꿇고 귀 세운
소 잔등에 올라타는 것이다

코뚜레 벗겨주고
워낭도 풀어주고
같이 가자
뉘엿뉘엿 저물어 가자
귀한 소식 올 리는 없겠지만
그래도 잠든 적 없어 예쁘고
순하여 기쁘지 않으냐

오르는 길 힘들다 하지만
내리막길은 더 서러워
홀연히 소는 사라지고
해진 신발처럼
귀 한 짝 하늘 모퉁이에 걸려 있다

〉

나머지 한쪽은

혹시 몰라 고개 너머에 두고 왔다

## 행복과 항복

가끔 나는 행복을 항복으로 쓴다
아차! 싶어 머리를 긁적이다가
요즘은 아예 행복을 항복으로 쓴다
항복은 두 손을 번쩍 들어
만세를 외친다는 것
공손히 무릎 꿇고 머리를 조아린다는 것
밥 한 그릇에 김치 몇 조각으로 끼니를 때울 때도
거르지 않고 찾아오는 아침 햇살에
번쩍 눈을 뜰 때도 그러했으니
나는 행복하게 항복하고
항복하니 행복하다

---

\* 윤준경 시인의 시 「행복, 항복」을 패러디하였음.

**해설**

# 불모의 세계를 가로지르는 몰락의 상상력

박진희(문학평론가·대전대 교수)

　나호열 시인이 2015년 시집 『촉도』를 낸 데 이어 그의 열여섯 번째 시집 『이 세상에서 가장 슬픈 노래를 알고 있다』를 상재한다. 1986년 《월간문학》으로 등단한 이래 30여 년간 평균 2년에 한 권 정도로 시집을 낸 셈이니 실로 왕성하고도 꾸준한 창작열을 보여주고 있다 하겠다. 이러한 시력이 시인 스스로에게는 부담으로 작용하는지도 모르겠다. 시적 발전이 보이지 않으면 시를 그만 써야 할지도 모르겠다는 말을 시인으로부터 벌써 수차례 들어온 터이기 때문이다.
　만약 시인이 시를 놓아야 하는 순간이 있다면 그것은 어떤 때일까. 그것은 아마도 진실을 드러낼 완벽한 말을, 표현을 찾았을 때이거나 진실에 대한 욕망 자체가 사라졌을 때가 아닌가 한다. 진실을 포착해 적확하게 전달할 수 있는, 그것이 아니면 그 어떤 것으로도 대체 불가능한 '말'을 찾을 수 있다고 할 때 시인은 흔히 하는 말로 '하산'해도 될 것이다. 그러나 굳이 소쉬르니 데리다를 언급하지 않더라도 말이 진실을 지시하지 못한다는 것은 자명한 사실이다. 진실에 근접해 갈수록 말은 미끄러지고 의미는 산종되고 만다. 시적 긴장과 시인들의 치열함은 바로 이 말들의 실패에서 기인하는 것이 아닐까.

나호열의 『촉도』 이후의 신작시들에 대해 필자는 '모호하고 불확정적인 의미'를 그 특징으로 규정하고, "모호하고 애매한 의미는 그것의 본질 속으로 더 깊이 탐구해 들어가는 통로가 되고 있으며, 상충되는 이미지는 서로의 그 심상과 정서에 깊이를 더해주는 기능을 하고 있는 것"[1]으로 평한 바 있다. '모호하고 불확정적인 의미'를 말의 미끄러짐 내지는 말의 실패로 이해해도 무방하다. 중요한 것은 이것이 난해함을 위한 장치가 아니라 본질을 탐구하는 과정이라는 것에 있다. 이는 시인이 진실을 드러내기 위한 '말'과 '이미지'를 찾기 위해 치열한 고민과 실패를 거듭해왔음을 방증하는 것이라 할 수 있다.

한편 진실에 대한 욕망은 우리가 살고 있는 이 세계에 대

---

[1] 「정신의 벼림과 불확정성의 시학」, 《시인정신》(통권 75호, 2017년 봄.)

한 사유와 사랑에서 비롯된다. 시가 세계와의 불화에서 연원한다는 의미 또한 동일한 맥락에서이다. 관심과 사랑이 없으면 관찰도 사유도 없으며 결핍감을 내재할 까닭도 없는 것이다. 결핍을 느끼지 못하니 욕망이 따르지 않는 것은 자명한 이치이다. 나호열의 시에서 세계는 '촉도'로 인식된다. '촉도'란 말 그대로 '촉으로 가던 매우 험난한 길'을 일컫는 것으로 그의 시에서 그것은 불화의 세계, 불모의 세계를 표상한다.

이처럼 나호열 시인은 여전히 '지금 여기'를 불화·불모의 세계로 인식하고 그 속에서 진실을 드러내기 위해 '말'과의 치열한 고투를 하고 있으니 시를 놓을 일은 없을 것으로 보인다.


## 1.

나호열 시인의 '촉도'로 표상되는 세계에 대한 인식은 『이 세상에서 가장 슬픈 노래를 알고 있다』에서도 그대로 이어지고 있다. 그의 시에서 세계는 "탈출이 곧 유배"가 되는 폐쇄된 공간이자 "더 이상 열매 맺지 못하는" 불모의 땅으로 암유되고 있기 때문이다.

어떤 사람은 나를 쇼핑카트라고 불렀고

어떤 사람은 짐수레라고 나를 불렀다
무엇이라 불리든
그들의 손길이 닿을 때마다 나는 기꺼이 몸을 열었다
내 몸에 부려지는 저 욕망들은
또 어디서 해체되는 것일까
지금 나는 더 이상 열매 맺지 못하는
살구나무 아래 버려져 있다
탈출이 곧 유배가 되는
한 장의 꿈을 완성하기 위하여
나는 너무 멀리 왔다
누가 나를 호명할까봐 멀리 왔다
뼛속에서
한낮에는 매미가 울었고
밤에는 귀뚜라미가 우는
풀섶 어디쯤

―「후일담(後日譚)」 전문

위 시의 시적 자아는 누군가에게는 '쇼핑카트'로 불리고 또 누군가에게는 '짐수레'로 불린다. 이렇든 저렇든 이 세계에서 자아가 고유한 존재가 아니라 도구라는 사실, 타자의 '욕망이 부려지는' 대상이라는 사실은 달라지지 않는다. 그런데 "그들의 손길이 닿을 때마다 나는 기꺼이 몸을 열었다"는 시구에 주목할 필요가 있다. 타자의 욕망을 내면화하는 것이 강제적이라기보다는 시적 자아 스스로가 능동적으로 대응하고 있는 것임을 함의하고 있기 때문이다. "인간은 타자의 욕망을 욕망한다"는 라캉의 언표를 떠오르게 하는 대목이기도 하다.

자본주의 현대 사회의 구성원으로 살아간다는 것은 치열한 경쟁의 대열에 서 있다는 의미와 다른 것이 아니다. 이러한 패러다임에서 앞서 있는 계층의 다양한 표상들을 욕망하게 되는 것은 필연적이라 할 수 있을 것이다. 그러나 이와 같은 사회가 궁극적으로 이르게 되는 지점은 "더 이상 열매 맺지 못하는" 불모의 세계, "탈출이 곧 유배가 되는" 폐쇄적 세계일 터이다. 존재의 진정한 가치가 맹목적인 경쟁을 통해 구현될 리 없으며 그렇다고 이 대열에서 '탈출'하게 된다면 그것이 사회에서는 낙오로 받아들여지기 때문이다. 무리와 다른 길을 간다는 것, 현대 사회에서 그것은 '유배'의 의미에 다름이 아니다. 그럼에도 이 시의 시적 자아는 '버려짐', '유배'를 택한다. 누군가의 '호명'을 피해 '멀리' 와 있다.

니체의 『차라투스트라는 이렇게 말했다』에는 '줄 타는 광대'의 이야기가 나온다. 광대는 군중의 머리 위를 지나가는 줄 위를 걸어가고 있다. 그 뒤를 이어 알록달록한 옷을 입은 익살꾼이 광대를 조롱하며 따라가고 있다. 광대가 아슬아슬하게 줄의 반쯤 갔을 때 빨리 가라고 재촉하던 익살꾼은 광대를 뛰어넘어 버린다. 간신히 중심을 잡으며 줄을 타던 광대는 중심을 잃고 허둥대다 밑으로 떨어져 죽고 만다. 이를 두고 차라투스트라는 이렇게 말한다.

"나는 사람들에게 그들의 존재가 지니고 있는 의미를 터득시키고자 한다. 그것은 위버멘쉬요, 사람이라는 먹구름을 뚫고 내리치는 번갯불이다. …… 밤은 어둡고 차라투스트라가 갈 길 또한 어둡다. 자, 떠나자, 너 차디차게 굳어버린 길동무여! 나 손수 너를 묻어 주겠거니와, 그곳으로 너를 등에 지고 가겠다."[2]

위버멘쉬, 그것은 인간 존재가 지니고 있는 고유의 의미를 터득한 자다. 어떠한 계기로 누군가 혹은 특정한 계층에 의해 인간에게 주어진 획일적이고 확정된 의미를 초월하는 자다. 군중이라는 '먹구름'에 끌려가는 것이 아니라 그것을 "뚫고 내리치는 번갯불"과 같은 존재다. 이러한 존재가 무리에서 환영받을 리는 만무하다. 무리에서 일탈하는 행위란 줄 위에 서 있는 것과 같은 위험천만한 일이며 그럼에도 줄 위에 설 경우 감당해야 할 위험이 어떠한 것인지 보여주는 역할을 하는 이가 바로 익살꾼이다. 광대의 죽음을 목격했다면 어느 누가 다시 그 줄 위에 서겠는가.

차라투스트라가 광대를 '길동무'라 칭하며 손수 묻어 주겠노라 위무하는 까닭은 광대가 바로 위버멘쉬로 나아가는 과

---

[2] 니체, 『차라투스트라는 이렇게 말했다』(정동호 옮김), 책세상, 2010, 27쪽.

정에 있는 자이기 때문이다. 니체는 정작 위버멘쉬, 즉 초월한 자보다는 그 과정에 있는 인간, 구체적으로는 초월하기 위해 몰락하는 인간에 초점을 맞추고 있는 듯하다. 차라투스트라가 "몰락하는 자로서가 아니라면 달리 살 줄을 모르는 사람들", "깨치기 위해 살아가는 자"들을 사랑하노라 고백하는 까닭도 이러한 맥락에서 이해할 수 있는 것이다. 광대는 비록 저편으로 건너가지 못한 채 죽음으로써 그야말로 '몰락'했지만 니체에게 그것은 결코 실패의 의미가 아닌 것이다. 이러한 몰락의 움직임들이 위버멘쉬의 세계를 구현할 근본 동인이 될 것이기 때문이다.

"괴물이 되지 않으려고 세월을 붙잡고 보니/어느덧 고물이 되었다"(「맹물」)는 시구에서도 확인할 수 있듯 나호열의 "탈출이 곧 유배가 되는/한 장의 꿈" 또한 동일한 맥락에서 설명될 수 있지 않을까. 존재가 지니고 있는 고유의 의미를 구현하기 위한 '몰락', 군중의 '호명'을 거역하기 위한 능동적인 '유배' 말이다.


## 2.

시적 자아가 '기꺼이 몸을 열어' 받아들인 욕망, 자신의 것인 줄 오인하며 좇았던 '타자의 욕망'은 '이카루스'의 날개와 같은 것인지도 모른다. 잘 알려져 있듯 이카루스는 그리스

신화에 등장하는 인물로 그의 아버지 다이달로스가 만들어 준 밀랍 날개를 달고 날다가 너무 높이 나는 바람에 태양의 열기에 밀랍이 녹으면서 추락하고 만다. 진정한 자아는 외면한 채 타자의 욕망을 좇아 맹목적으로 달려가는 현대인의 삶을 이카루스의 날갯짓에 비유할 수 있을 것이다. 자신의 것이 아닌, 가짜 날개를 달고 하늘을 나는 이카루스의 비상은 불안하기만 하다.

> 당신은 나의 바닥이었습니다
> 내가 이카루스의 꿈을 꾸고 있던
> 평생 동안
> 당신은 내가 쓰러지지 않도록
> 온몸을 굳게 누이고 있었습니다
> 이제야 고개를 숙이니
> 당신이 보입니다
> 바닥이 보입니다
> 보잘 것 없는 내 눈물이 바닥에 떨어질 때에도
> 당신은 안개꽃처럼 웃음 지었던 것을
> 없던 날개를 버리고 나니
> 당신이 보입니다
> 바닥의 힘으로 당신은
> 나를 살게 하였던 것을
> 쓰러지고 나서야

알게 되었습니다

　　　　　　　　　　　—「땅에게 바침」 전문

　위 시의 시적 자아는 평생 '이카루스의 꿈'을 꾸고 있었다고 고백한다. '이카루스의 꿈'과 대비를 이루고 있는 것이 '바닥'이다. "없던 날개를 버리고 나"서야 보이는 것이 '바닥'이라는 대목에서 그것은 타자의 허울을 벗어버리고 난 뒤의 자아, 그 단독적인 자아의 고유한 가치를 의미하는 것으로 해석할 수 있다. 자본주의 현대 사회에서 우리가 내면화한 '타자의 욕망'이란 결코 채워질 수 없으며 끊임없이 재생산될 뿐이다. 우리가 성취한 듯한 가치도 기실은 우리가 입고 있는 옷 내지는 본래 "없던 날개", 있다고 착각하고 있는 '이카루스의 날개'에 불과한 것이다. 존재의 의미가 결코 이러한 가변적인 것에 의해 규정될 수 없음은 자명한 이치이다.

쓰러지면 지는 것이라고
사나운 발길에 밟히고 밟혀
흙탕물이 되는 눈처럼 스러진다고
쓰러지지 않으려고
상대방의 샅바를 질끈 쥐었으나
장난치듯 슬쩍 힘을 줄 때마다
나는 벼랑에서 떨어지지 않으려는
나뭇잎처럼 가볍게 흔들거렸다

눈물이 아니라 땀이라고 우겨보아도
몸이 우는 것을 막지는 못하는 법
나를 들어 올리는 상대가 누구인지
지금껏 알지 못하였던 어리석음을 탓하지는 못하리라
으라찻차 힘을 모아 상대를 쓰러뜨리려는 찰나
나는 보았다
내가 쥐고 있던 샅바의 몸이
내가 늘어뜨린 그림자였던 것을
내가 쓰러져야 그도 쓰러뜨릴 수 있다는 것을
허공은 억세게 잡을수록
더 억세진다는 것을
씨름판에 억새가 하늘거린다
―「씨름 한 판」 전문

  현대인이 자아의 진정한 가치를 잃어버린 채 타자의 욕망을 좇아 고투하고 있는 원인에 외부의 요인이 전혀 없다고는 할 수 없겠지만 근본적으로는 자아 내면의 문제임을 위 시에서는 드러내 보여주고 있다. 경쟁에서 지면 "사나운 발길에 밟히고 밟혀/흙탕물이 되는 눈처럼 스러진다고" 믿고 있기에 시적 자아는 "벼랑에서 떨어지지 않으려는 나뭇잎처럼" 안간힘을 다해 위태로운 삶을 영위해 가게 되는 것이다.

  그런데 이러한 삶은 허망으로 귀결되기 마련이다. 시적 자아는 경쟁을 타자와의 필연적인 그것으로 알고 "으라찻차 힘을 모아 상대를 쓰러뜨리려" 온힘을 모으지만 그 대상은 결국 자기 자신의 '그림자'임이 드러난다. 자기 '그림자'와의 싸움은 끝내 이길 수 없는 싸움일 뿐만 아니라 그것이 자신의 그림자임을 인식하기 전까지 결코 끝나지 않는 싸움이기도 하다. 이 싸움은 자신이 쓰러지는 것 외에는 상대를 쓰러뜨릴 방법이 없기 때문이다. '허공'을 붙잡겠다는 의지와 같은 것이다.

이 싸움이 끝나기 위해서는 싸우는 대상이 자신의 그림자임을 깨닫고 스스로 멈추거나 힘이 다할 때까지 싸우다가 쓰러지는 길밖에 없다. "허공은 억세게 잡을수록/더 억세"지기 때문에 집착할수록 에너지 소모는 그와 비례해 커지지만 그럼에도 손에 잡히는 것이 없기는 마찬가지인 것이다. 이 시의 "내가 늘어뜨린 그림자"나 '허공'을 현대인이 내면화하고 있는 타자의 욕망으로 의미화할 수 있을 것이다. 타자의 욕망을 좇는 삶이란 이처럼 자아성찰에 따른 인식의 변화나 에너지의 탕진으로 인한 무너짐이 있기 전까진 결코 멈출 수 없는 폭주 기관차와 같은 것인지도 모른다.

"네 자신을 알라"라는 말이 있다. 흔히 소크라테스가 남긴 경구로 알려져 있고 우리는 속된 말로 '네 주제를 알라'라는 의미로 써온 것이 사실이다. 그러나 이는 델포이 신전에 적혀 있는 신탁 중 하나로 그 진의는 우리가 알고 있는 것과 정반대라 할 수 있다. 그것은 '네 자신이 고귀한 존재임을 알라'라는 의미이며 더 구체적으로는 '그러므로 고귀한 존재에 걸맞은 덕을 행하라'는 뜻이기 때문이다. 이 신탁이 지시하는 인간의 고귀한 존재로서의 가치가 결코 타자의 욕망으로 표상되는 가변적이고 휘발적인 것에서 찾을 수 있는 것이 아님은 분명하다.

 인간을 고귀한 존재로 남게 하는 것, 그것은 결국 존재의 고유한 가치에 대해 주체가 인지하느냐에 달려 있는 것이다. 이카루스의 비상이 추락을 예정하고 있는 것과 같이, 자기 그림자와의 싸움이 패배로 귀결되듯이 맹목적으로 욕망을 좇는 현대인의 삶 또한 종국에는 '괴물'(「맹물」)이 되거나 허망함만이 남게 될 것임을 나호열의 시에서는 적실히 드러내 보여주고 있다.


### 3.

 나호열 시인의 『이 세상에서 가장 슬픈 노래를 알고 있다』에서 가장 먼저 느껴지는 정서는 쓸쓸함이다. 많은 시편들에서 '텅 비고 사그라지고'(「가을과 술」), 스러지고(「저 너머」), 저물고(「낙엽」), 무너져 내리는(「서 있는 사내 2」) 등 소멸 내지는 '몰락'의 이미지를 발현하고 있기 때문이다. 그렇다고 이 '몰락'의 이미지가 '몰락'의 의미 그 자체에 머물러 있는 것이 아님은 물론이다. 나호열의 시에서 '몰락'의 이미지는 존재의 고유한 가치에 대한 탐구의 기제로 작용하고 있다. 그 대표적 예가 「낙엽」이다.

    공손히 허공에 내민 손은
    한 번도 움켜 쥔 적이 없는 손은
    깃발처럼 휘날리던 손은
    벌레 먹어 구멍 송송 뚫린 손은
    그윽하게 저물어가는 어느 가슴을 닮은 손수건 같은
  손은

    이제
    새 이름으로
    새 출발을 한다

    낙엽
                               —「낙엽」 전문

  '낙엽'은 흔히 소진, 쇠락, 소멸, 죽음 등과 관련하여 의미화된다는 점에서 몰락의 표상으로 볼 수 있다. 이는 시간의 흐름에 따라 성장하고 채우는 것이 아닌 절정을 지나 기울고 저무는 과정에 위치해 있기 때문이다. 위 시에서 '낙엽'이 "벌레 먹어 구멍 송송 뚫린 손"이라든가 "그윽하게 저물어가는 어느 가슴을 닮은 손수건"으로 비유되고 있는 것도 동일한 맥락에서다. 그러나 '낙엽'의 의미가 단순히 상실이나 소멸에 그치고 있는 것은 아니다. '공손히 내민 손'에서는 겸허의 태도를, "한 번도 움켜 쥔 적이 없는 손"에서는 비움의 의지를 발현하고 있다. 또한 "깃발처럼 휘날리던 손"은 참여, 결의, 변화 등과 같은 의미를 떠올리게 한다. 이처럼 이 시에서 '낙엽'은 단순히 쇠락이나 소멸의 과정으로 의미화되는 것이 아니라 삶에 대한 성숙한 태도를 함의하고 있는 것으로 드러나고 있다. 더 나아가 '낙엽'은 "새 이름으로/새 출발"을 하는 대상으로 규정되기에 이른다.

'낙엽'이 '새 이름'으로 '새 출발'을 할 수 있는 까닭은 무엇인가. 그것은 존재 가치에 대한 인식의 전환에서 찾을 수 있다. 나무를 세계 내지 인생의 표상이라 할 때 새싹은 중심의 가능성을 내재한 존재이며 절정의 푸른 잎은 에너지를 창출해내는 중심이라 할 수 있다. 동일한 맥락에서 낙엽은 나무에 붙어 있을 힘조차 없는 쓸모없는 존재에 해당한다. 그러나 이러한 목적론적 인식, 중심주의적 관점에서 벗어나게 되면 모든 존재는 그것 나름대로의 고유한 가치를 지닌 것이 된다. 가령 아이는 어른이 되기 위한 혹은 되기 전의 미숙한 존재가 아니며 노인은 여생을 살고 있는, 중심에서 벗어난 존재가 아니다. 아이는 아이만의, 노인은 노인만의 고유한 가치를 지니고 있는 존재인 것이다. 낙엽이 "새 이름으로/새 출발을 한다"는 표현에는 바로 시인의 이러한 존재론적 인식이 함의되어 있는 것이다.

　한편 나호열 시의 또 다른 특징 중 하나는 중심에서 벗어난 대상, 주변화된 대상을 소재로 하고 있는 작품이 많다는 것이다. 이는 존재의 고유한 가치에 대한 인식의 측면에서 그려지기도 하고 주변화된 대상의 상처, 이에 대한 시적 주체의 연민의 시선으로 그려지기도 한다. 전자는 이미 살펴본 「낙엽」이라는 시편에서 확인할 수 있고 소외된 대상의 상처와 이에 대한 연민의 정서는 「생각하는 사람 2」 외의 여러 시편들에서 드러나고 있다.

　　　바람이 소리치는 줄 알았다
　　　바퀴가 투덜대는 줄 알았다
　　　접시가 깨지며 비명을 지르는 줄 알았다

　　　바람을 맞으며 아파하는 것들이 있다
　　　접시에 닿아 먼저 깨지는 것들이 있다
　　　바퀴에 눌리는 바닥이 있다

　　　수동태 문장은 주어가 슬픈가
　　　저 소리들의 주어를 슬그머니 되찾아 주고 싶은 밤

　　　바람도, 접시도, 바퀴도 아니었던 소리의 주인은
　　　성대가 없다

―「생각하는 사람 2」 전문

  사실 주변화된 대상, 소외된 대상을 시적 소재로 삼는 것은 그리 드문 경우가 아니다. 그런데 나호열 시의 경우 그 대상을 설정함에 있어서 매우 섬세하다는 특징이 있다. 또한 중심과 주변, 지배와 피지배라는 보편적 구도의 틀에 얽매이지 않는다. 가령 위 시에서 '바람'이나 '접시', '바퀴'의 경우 명확하게 중심의 편에 서는 대상은 아니다. 이들 자신도 깨지고 부딪히는 존재이기 때문이다. 그럼에도 서로 맞부딪히면서도 '소리'조차 내지 못하는 대상이 있게 마련이다. 시적 주체는 이 '소리'조차 내지 못하는 대상에 초점을 맞추고 있는 것이다. 나쁜 의도에 의해서가 아니라도 이 세계에서 누군가는 '수동태 주어'의 자리에 놓이게 되는 것이 현실이다. 이들은 때로 "주인공이 분노에 가득차서 제멋대로 휘젓고 내버린 풍경의 소품"(「소품들」)과 같이 취급될 때도 있다. 이들 존재가 느꼈을 슬픔과 설움 생각에 시적 주체는 "눈시울이 뜨거워"(「소품들」)진다. 하여 '소리' 낼 줄 모르는 그들에게도 '소리의 주인'의 자리를 찾아주고자 하는 것이다.

    초식의 질긴 기억이 스멀스멀 몸으로 스며들 때가 있다
    날카로운 발톱도 치명의 송곳니도 갖지 못한
    쫓기는 자의 슬픔

그 슬픔을 용서하지 못할 때

불끈 뿔은 솟구쳐 오른다

그 누구도 거들떠보지 않는 한숨과

눈물로 범벅이 된 분노는

높은 굴뚝을 타고 오르는 연기가 되거나

못으로 온몸에 박히는 뿔이 된다

나도 뿔났다

―「뿔」 전문

  위 시에서도 중심과 주변의 경계는 명확하지 않다. "초식의 질긴 기억"을 가진 시적 대상이 소외된 존재임에는 분명하다. "날카로운 발톱도 치명의 송곳니도 갖지 못한/쫓기는 자"이면서 "그 누구도 거들떠보지 않는 한숨"과 "눈물로 범벅이 된 분노"를 지니고 있는 존재이기 때문이다. 그러나 이에 상응하는 중심 내지 핍박의 주체는 이 시에서 찾아볼 수 없다. 또한 이러한 '슬픔'과 '한숨'은 그저 "높은 굴뚝을 타고 오르는 연기"가 될 뿐이다. "눈물로 범벅이 된 분노"는 그나마 '뿔'이 되지만 이 '뿔'은 오히려 "못으로 온몸에 박히는 뿔"일 뿐 상대를 찌르는 '뿔'이 아니다.

  시적 자아가 '뿔'이 난 이유가 여기에 있는 것이다. 상처받고 소외되는 존재가 분명 있지만 수없이 얽혀 있는 관계 속에서 중심과 주변, 지배와 피지배의 이분법적 구도가 뚜렷하게 드러나지 않는 경우가 더 많을지도 모르기 때문이다. 상처받은 존재에게서는 오히려 자신의 "온몸에 박히는 뿔"이 돋아날 뿐이다. 이 세계에 "그 누구도" 책임지지 않는, "그 누구도 거들떠보지 않는" 슬픔이 부유하게 되는 까닭이기도 하다.


**4.**

그렇다면 나호열 시인은 왜 이토록 주변화된 대상을, 그들의 상처와 슬픔을 그리면서 이와 관련한 뚜렷한 비판의 대상을 상정하지 않는 것일까. 그것은 먼저 '슬픔의 지속'의 측면에서 설명이 가능하다. 위의 시뿐만 아니라 「비가(悲歌)」, 「봄눈의 내력」, 「수오재(守吾齋)를 찾아가다」 등등 많은 시편들에서 시인은 슬픔을 끝내 해소되지 않을 무엇으로 남겨두고 있다. 슬픔의 해소가 끝끝내 유보되는 양상, 이는 시인 자신에게나 독자에게 이 세계의 상처와 결핍, 슬픔 등을 쉽게 흘려보내지 않고 포회하게 하는 장치로 기능한다. 그렇다고 시인의 의도가 비극적 정서를 발현하는 데에 있는 것은 아니다. 오히려 그의 시에 드러나고 있는 슬픔의 정서나 몰락의 이미지에서는 쓸쓸하면서도 무언지 모를 따뜻함이 느껴진다. 이러한 감수성을 잘 드러내고 있는 시가 「저 너머」이다.

'저 너머'라는 말이 가슴속에 있다. 눈길이 간신히 닿았다가 스러지는 곳에서 태어나는 그 말은 목젖에 젖다가 다시 스러지는 그 말은 어디에든 착하다. 주어가 되지 못한 야윈 어깨에 슬며시 얹혀지는 온기만 남기고 사라지는 손의 용도와 같이 드러나지 않아 오직 넉넉한 거리에 날 세워두는 '저 너머' 그 말이 아직 환하다.

—「저 너머」 전문

 이 시의 시적 자아가 "'저 너머'라는 말"을 "가슴속"에 품고 있는 이유는 바로 "눈길이 간신히 닿았다가 스러지는 곳에서 태어나"기 때문이며 "목젖에 젖다가 다시 스러지"는 말이기 때문이다. 다시 말해 '저 너머'라는 말은 중심에서 벗어나 있는 존재와 등가를 이루며 '스러짐'과 같은 몰락의 이미지를 함의하고 있기 때문이라는 의미이다. 그런데 주목을 끄는 것은 '저 너머'라는 말이 "어디에든 착하다"는 대목이다. 소외와 몰락의 이미지를 선(善)에 연결하고 있는 것이다.

 그의 시에 드러나고 있는 슬픔의 정서나 몰락의 이미지에서 따듯함이 느껴지는 이유가 바로 여기에 있다. 시인이 굳이 이들 존재와 이항대립의 관계에 있는 중심적 존재를 상정하고 비판하는 구도를 만들지 않는 까닭도 동일한 맥락에서이다. "모든 죽어가는 것을 사랑해야지"라고 노래했던 윤동주와 같이, 나호열의 시는 불모의 세계에 대한 날선 비판보다는 그 세계에서 소외된 존재, 몰락·소멸하는 모든 존재에 대한 연민 나아가 사랑의 정서에 초점이 맞추어져 있는 것이다.

어쩌면 이러한 시인의 행위는 "주어가 되지 못한 야윈 어깨에 슬며시 얹혀지는 온기만 남기고 사라지는 손"과 같은 것인지도 모른다. 그러나 시인에게 '저 너머'로 표상되는 대상은 미미한 존재일지언정 중심이 아니기에, "드러나지 않"는 주변적 존재이기에 오히려 "넉넉한 거리"일 수 있는 것이다. 그 "넉넉한 거리"에는 또 다른 많은 주변적 존재들이 공감이나 이해, 연대라는 이름으로 자리하고 있다. '저 너머'라는 말이 "아직 환하다"는 이유가 여기에 있는 것이다.

이러한 맥락에서 비판의 대상을 뚜렷하게 상정하지 않는 또 다른 이유로 사랑에 대한 시인의 의지를 들 수 있을 것이다. 즉 세계와의 불화를 극복하는 근본적인 방안은 날선 비판이 아니라 사랑이라는 것이 시인의 판단이라는 의미이다. 나호열 시의 주제는 사랑이다. 그것이 전면화되었든 아니든 그의 시 정신에 포진해 있는 정서의 바탕은 단언컨대 사랑이다.

이는 시집 『이 세상에서 가장 슬픈 노래를 알고 있다』의 머리말격인 「시인의 말」에도 잘 드러나 있다.

    천만 번 겨루어
    천 번 만 번 진다 해도
    부끄럽지 않은 일
    사랑을 주는 일

천 번 만 번 내주어도
천 번 만 번 부족하지 않은
가난해지지 않는 일
사랑을 주는 일

이 세상 끝나는 날까지
끝끝내 남아 있을
우리들의 양식
이제야 그 씨앗을 얻어
동토에 심으려 한다

눈물 한 방울
백년 뒤에라도 좋다
피어주기만 한다면

―「시인의 말」 전문

 시인은 "천만 번/겨루어/천 번 만 번 진다 해도/부끄럽지 않은 일"이 "사랑을 주는 일"이고 "이 세상 끝나는 날까지/끝끝내 남아 있을/우리들의 양식"이 '사랑'이라 표현하고 있다. '저 너머'라는 말에 함의되어 있는 감수성을 이 글에서도 엿볼 수 있다. "눈물 한 방울/백년 뒤에라도 좋다/피어주기만 한다면"이라는 대목이 그것이다. 시인이 '저 너머'라는 말을 '소외'와 '몰락'의 이미지로 의미화하고 있으면서도 또 한편으로 "아직 환하다"고 단언하는 이유는 바로 그의 내면에 '피어주기만 한다면 백년 뒤에라도 좋다'는 '사랑'에 대한 절실함과 그것에 대한 믿음이 자리하고 있기 때문이다.

 살펴본 바와 같이 나호열 시인의 몰락의 상상력은 그의 시에서 불모의 세계에 대한 응전의 방식으로 드러나기도 하고 주변화되고 몰락한 존재의 군상들을 드러내는 방식으로 표현되기도 한다. '몰락'이 새로운 세계로 나아가는 매개, 스스로의 고유한 가치를 인식하는 존재로 거듭나기 위한 과정으로 의미화되는 경우가 전자에 해당한다. 이를 창조를 위한 파괴, 긍정을 위한 부정의 맥락으로 이해해도 무방하다. 타자의 욕망을 내면화한 채 맹목적으로 질주하는 현대인의 삶의 궤도로부터 스스로를 추방하고 유배시키는 것, 이것이 나호열 시의 '몰락'에 함의되어 있는 의미 중 하나다.
 또 다른 한편으로 '몰락'은 세계에서 타자화된 존재를 표상한다. 이들 존재는 깨지고 부서지는 슬픈 존재들이지만 분노를 표출하거나 타자에 날을 세우지 않는다. 이러한 유의 시편들에서 타자화하는 주체에 대한 비판 또한 찾아볼 수 없다. 이와 같은 양상의 까닭은 시인이 '몰락'의 정서에 대한 공감, 그러한 존재에 대한 애틋한 사랑의 표출에 초점을 맞추고 있지 중심과 주변이라는 세계의 폭력적 구도에 대한 비판에 목적을 두고 있지는 않기 때문이다.

스스로를 세계의 질서로부터 주변화하는 존재, 동일한 맥락에서 '몰락'에 새로운 가치를 부여하는 존재가 나호열 시의 서정적 자아이다. 그는 스스로 '몰락'하는 자이자 모든 '몰락'하는 것들에 대한 애틋한 사랑을 품고 있는 존재다. 밟지 않으면 밟히는 냉혹한 세계에서 '밟히는' 존재이며, 모두의 욕망이 향하고 있는 위치에서 거리화되어 있는 존재가 '몰락'이 표상하는 바이기 때문이다. 이번 시집 『이 세상에서 가장 슬픈 노래를 알고 있다』를 관류하고 있는 것은 바로 이 불모의 세계를 가로지르는 지극히 불온하면서도 애틋한 '몰락'의 감수성이 아닌가 한다.

이 도서의 국립중앙도서관 출판시도서목록(CIP)은 서지정보유통지원시스템 홈페이지(http://seoji.nl.go.kr)와 국가자료공동목록시스템(http://www.nl.go.kr/kolisnet)에서 이용하실 수 있습니다.(CIP제어번호: CIP2017018147)

시인동네 시인선 077
## 이 세상에서
## 가장 슬픈 노래를 알고 있다
ⓒ 나호열

초판 1쇄 발행  2017년 7월 29일
초판 2쇄 발행  2017년 12월 12일

      지은이  나호열
      펴낸이  고영
   책임편집  서윤후
      디자인  헤이존
      펴낸곳  문학의전당
   출판등록  제2017-000002호
        주소  서울시 마포구 마포대로 11길 91, 3층
        전화  02-852-1977  팩스  02-852-1978
   전자우편  sbpoem@naver.com

    ISBN  979-11-5896-330-9  03810

\* 이 책의 판권은 지은이와 문학의전당에 있습니다.
\* 양측의 서면 동의 없는 무단 전재 및 복제를 금합니다.
\* 잘못 만들어진 책은 바꿔드립니다.
\* 이 시집은 〈2017 세종도서 문학나눔〉 도서에 선정되었습니다.